À la recherche du chocolat

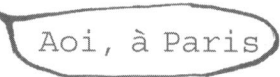
Aoi, à Paris

YOUYA NAITO   **KENJI TAMADA**

dessinatrice **NORIKO HATA**

本書には，発音，本文，動詞の活用，練習問題を吹き込んだ別売りCD（本体800円＋税）があります．実際に聞いて大いに役立てて下さい．

学生の皆さんへ

　このコミックは，初歩のフランス語会話（と少しだけ文法）を学ぶためのテキストです．主人公・あおい Aoi はチョコレート作りを夢見る女の子です．
　チョコレートはフランス語ではショコラ chocolat です．
　あおいはあこがれのパリに到着し，初めての短い滞在ですが，新しい経験を重ね，日常の生きたフランス語を学びます．CD を利用し，耳からのフランス語の会話を，主人公あおいになりかわり，若いあおいの気持ちを生かす，自然な日本語に訳してみてください．（「文のしくみ」欄では直訳体の堅い日本語になっていますが…）
　新進マンガ家・秦紀子さんのコミックが，初めてのフランス語会話の理解を助けてくれるはずです．実際の会話は，いつも当事者の表情・身振り・手振りが理解の大きな役割を担っていることは，いまさら言うまでもありませんね．

　追記　フランス語については，広島大学のクロード・レヴィ　アルヴァレス氏に校閲していただきました．感謝の意を表します．

　　2005年10月初め

　　　　　　　　　　　　　　　　　　　　　　　　著　者

目　次

0 　登場人物紹介……4
　　　文字と発音……5

1 　パリ空港到着……6
　　1-1　定冠詞，所有形容詞 **son**，定冠詞の縮約，不規則動詞 **être**
　　1-2　命令形，所有形容詞 **mon**，不規則動詞 **aller**

2 　カフェで……10
　　2-1　疑問代名詞 **qu'est-ce que**，形容詞の性数，疑問文，不規則動詞 **faire**
　　　　♥チョコレートの話1
　　2-2　否定文，不定冠詞，形容詞の位置，不規則動詞 **vouloir**
　　2-3　不規則動詞 **venir** ◆曜日◆数詞1

3 　とおるは来ない……16
　　3-1　代名動詞，主語 **on**
　　3-2　不規則動詞 **prendre**

4 　エトワール広場からヴィクトール＝ユゴー広場へ……20
　　4-1　**il y a** ♥チョコレートの話2
　　4-2　感嘆文，近い未来，不規則動詞 **avoir**

5 　ショッピング……24
　　5-1　疑問形容詞，複合過去1，半過去
　　5-2　条件法現在，不規則動詞 **pouvoir** ◆数詞2
　　5-3　♥パリに関する質問箱1
　　5-4　♥パリに関する質問箱2

練習問題1，2……32, 33

6 あおい，フランソワーズ宅を訪れる……34

- 6-1　疑問代名詞 **qui**
- 6-2　所有形容詞 **ton**，複合過去 2
- 6-3　部分冠詞，指示形容詞
- 6-4　単純未来

7 フランソワーズ宅で，チョコレートムースを作る……42

- 7-1　♥チョコレートムースのレシピ
- 7-2　♥フランスに関する質問箱 1
- 7-3　◆さまざまな言語

8 デートの電話……48

- 8　　接続法現在 ◆時刻の表現

9 田舎へドライブ……50

- 9-1　複合過去 3
- 9-2　疑問代名詞 **quoi**
- 9-3　♥フランスに関する質問箱 2

10 フランソワーズ宅でのお別れ……56

- 10-1　疑問形容詞
- 10-2　♥フランスに関する質問箱 3

練習問題 3，4 ……60，61

文法のまとめ……62

trois 3

登場人物紹介

主人公：あおい（20歳）

- ♥おとめ座のO型
- ♥将来日本でチョコレート屋を開くのが夢
- ♥好奇心旺盛で食いしん坊
  （もちろん一番好きなのはチョコレート）
- ♥ちょっぴり人見知り

Jeune fille japonaise, 20 ans, la Vierge, groupe sanguin : O. Son rêve, c'est de travailler chez le chocolatier à Tokyo.

とおる（24歳)

- ♠あおいの兄
- ♠みずがめ座のA型
- ♠パリでフランス語を勉強中
- ♠通訳になるのが夢

Frère d'Aoi, 24 ans, le Verseau, groupe sanguin : A. Depuis un an, il étudie le français à Paris. Son rêve, c'est de travailler comme interprète.

マルチーヌ（22歳）

- ◆フランス人女性
- ◆しし座のAB型
- ◆とおるの恋人
- ◆積極的で行動派

Jeune fille française, 22 ans, le Lion, groupe sanguin : AB. Amie de Tooru.

フランソワーズ（65歳）

- ♣あおいの祖父の旧友
- ♣チョコレート作りの先生
- ♣マイペース（たぶんB型）
- ♣おしゃべりが大好き

Vieille amie française de grand-père d'Aoi, 65 ans. Groupe sanguin : B (?). Professeur de chocolat.

Chocolat は「ショコラ」!!「カフェ」は café !!

● いろいろな文字

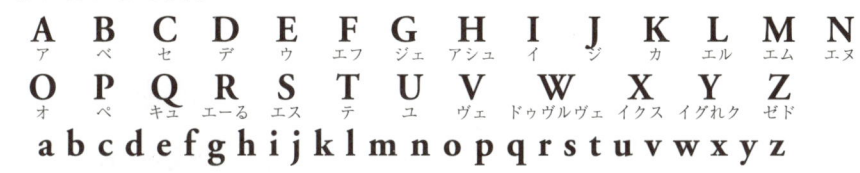

A	B	C	D	E	F	G	H	I	J	K	L	M	N
ア	ベ	セ	デ	ウ	エフ	ジェ	アシュ	イ	ジ	カ	エル	エム	エヌ

O	P	Q	R	S	T	U	V	W	X	Y	Z
オ	ペ	キュ	エール	エス	テ	ユ	ヴェ	ドゥブルヴェ	イクス	イグレク	ゼド

a b c d e f g h i j k l m n o p q r s t u v w x y z

● こんな文字もあるよ　é　à è ù　â ê î ô û　ç　ë ï ü　œ

● 発音の特色　発音しない

1：語尾の子音字は発音しない
　　chocolat ［ショコラ］, aéroport ［アエロポール］

2：h は発音しない.「歴史」は histoire ［イストワール］,「住む」は habiter
　　［アビテ］

3：名詞複数の s も発音しない. だから単数と複数は発音は同じだ
　　単数　chocolat　［ショコラ］チョコレート　　aéroport　［アエロポール］空港
　　複数　chocolats ［ショコラ］　　　　　　　　aéroports ［アエロポール］

● 男性名詞と女性名詞

男性単数　vélo　［ヴェロ］自転車　　女性単数　voiture　［ヴォワテュール］車
男性複数　vélos　［ヴェロ］　　　　　女性複数　voitures　［ヴォワテュール］

● 形容詞は変化するよ. 名詞の後ろに来るよ. でも発音は同じだ

男[単] vélo bleu　　［ブルゥ］青い…　　女[単] voiture bleue　　［ブルゥ］
男[複] vélos bleus　［ブルゥ］　　　　　女[複] voitures bleues　［ブルゥ］

● 動詞は活用するよ

　　　　　　　　　　parler ［パルレ］話す（**er 型規則動詞**）

（1人称[単]）　　je　parle　［ジュ パルル］　　　（1[複]）　　nous parlons　［ヌゥ パルロン］
（2人称[単]）　　tu　parles　［テュ パルル］　　　（2[複]）　　vous parlez　［ヴゥ パルレ］
（3人称[単][男]）　il　parle　［イル パルル］　　　（3[複][男]）　ils　parlent　［イル パルル］
（3人称[単][女]）　elle parle　［エル パルル］　　　（3[複][女]）　elles parlent　［エル パルル］

　☞ vous は単数にも用いる

CD を聞いて練習しよう　　聞こえた文字を選びなさい

1) (A, C, D)　　2) (D, G, J)　　3) (E, I, U)　　4) (P, R, Y)　　5) (P, T, X)

cinq 5

1-1　Aoi arrive à l'aéroport ♥　パリ空港到着

\(^o^)／みなさんはじめまして！　あおいです．留学中の兄を頼ってパリにやって来ました．今回の滞在ではフランスの家庭でチョコレート作りの勉強をする予定．今からとっても楽しみなの♪

文のしくみ

1 **Aoi arrive à l'aéroport.** 「あおいが空港に到着する」

- arrive ＜ arriver「到着する」. **er 型規則動詞** (cf. p.5)
- 定冠詞： **le** ＋ 男[単], **la** ＋ 女[単], **les** ＋ 男女[複]
  - le café　　la gare　　les cafés, les gares
  - le, la は母音の前では **l'** : l'aéroport
- à「…（場所）で(に)」
  - **à le** café → **au** café「カフェで」. **à ＋ le** の縮約
  - **à la** gare「駅で」
  - **à le** aéroport → **à l'** aéroport「空港で」

♠ **単語帳**

bonjour 男 こんにちは
je m'appelle 〜　私の名前は…です

2 **je suis**「私は…です」

- suis ＜ être (=be). **不規則動詞**

♣ **不規則動詞 être** [エートゥる]

je suis	nous sommes
ジュ スュィ	ヌ ソム
tu es	vous êtes
テュ エ	ヴゼトゥ
il est	ils sont
イル エ	イル ソン
elle est	elles sont
エル エ	エル ソン

3 **sa sœur**「彼の妹」

- sa「彼(女)の」(=his/her). **所有形容詞**
  - **son** ＋ 男[単], **sa** ＋ 女[単], **ses** ＋ 男女[複]
  - son frère　　sa sœur　　ses frères, ses sœurs

CD を聞いて練習しよう

1 発音された名前を選びなさい
1) Bonjour, je suis (Martine, Françoise).
2) Bonjour, je suis (Tooru, Martine).
3) Bonjour, je suis (Aoi, Françoise).

2 発音された定冠詞を選びなさい
1) (le, la, l') café　　2) (le, la, l') gare　　3) (le, la, l') aéroport

---

★C'est Martine.

sept **7**

文のしくみ

1 allons au café「カフェへ行こう」
- allons ＜aller「行く」(=go). **不規則動詞**.
  命令形「行きましょう」
- au café「カフェへ」(cf. p.7)
  Je vais au café. Il va à la gare.

♠ 単語帳

d'abord　まず（最初に）
près de　…の近くに

♣ 不規則動詞 aller [アレ]

je vais	nous allons
ジュ ヴェ	ヌザロン
tu vas	vous allez
テュ ヴァ	ヴザレ
il va	ils vont
イル ヴァ	イル ヴォン
elle va	elles vont
エル ヴァ	エル ヴォン

2 mon appartement「私のアパルトマン」
- mon「私の」(=my). **所有形容詞**

mon ＋ 男[単], **ma** ＋ 女[単], **mes** ＋ 男女[複]
mon frère　　ma sœur　　mes frères, mes sœurs

CD を聞いて練習しよう

1 発音された所有形容詞を選びなさい
1) (mon, son) sac　　　　2) (ma, sa) maison
3) (mes, ses) chats　　　4) (mon, son) chien

2 発音された主語と aller の活用形を選びなさい
1) (Il va, Nous allons) au café.
2) (Je vais, Nous allons) au cinéma.
3) (Elle va, Elles vont) à la poste.
4) (Il va, Nous allons) au musée.

★Elle parle japonais ?　★★Pas trop fatiguée ?　★★★Non, pas trop fatiguée.

neuf　9

2-1 Au café ♥ カフェで

文のしくみ

1 **Qu'est-ce que vous désirez ?**「何になさいますか」
- ▶ カフェなどで注文を聞くときのきまった表現
- ▶ qu'est-ce que「何を？」（= what）. 疑問代名詞
- ▶ désirez ＜désirer「欲する，望む」. **er 型規則動詞**.（cf. p.5）

2 **C'est vrai ?**「それは本当ですか」
- ▶ c'est（= it is）「それは…です」
- ▶ vrai は形容詞. 性数変化をする

	［男］	［女］
［単］	vrai	vrai**e**
［複］	vrai**s**	vrai**es**

- ▶ 疑問文：«C'est vrai ?» はイントネーションによる疑問文

♠**単語帳**

monsieur （男性に対して用いる）
et　そして
moi　私（強勢形）
café　男 コーヒー
êtes ＜être　…です
si　非常に，とても
semblable　似ている
fais ＜faire　…をする

♣**不規則動詞 faire**［フェール］

je fais	nous faisons
ジュ フェ	ヌ フゾン
tu fais	vous faites
テュ フェ	ヴ フェトゥ
il fait	ils font
イル フェ	イル フォン

CD を聞いて練習しよう

1 次の文章を発音された順に並べなさい
 a) Moi, un jus d'orange.　　b) Moi, un thé.
 c) Moi, un café au lait.

2 発音された主語と faire の活用形を選びなさい
 1) Qu'est-ce que (tu fais, vous faites) à Paris ?
 2) Qu'est-ce que (tu fais, vous faites) à Lyon ?
 3) Qu'est-ce que qu'(il fait, ils font) à Tokyo ?

チョコレートの話1◆「神様の食べ物・カカオ」

　チョコレートの原料はカカオですね．カカオの木の学名は「テオブロマ・カカオ」
　ギリシャ語で「神様の食べ物・カカオ」という意味です
　café で chocolat chaud を注文してみましょう．日本のココアより濃厚な飲み物です 優雅な甘いこの飲み物も，初めは上流階級の飲み物でしたが，19世紀からは庶民の飲み物になり，板チョコも出回るようになりました

onze 11

文のしくみ

1 **Je veux apprendre à faire le chocolat.**「チョコレートを作る勉強をしたい」

- je veux apprendre : vouloir + [原形]「…したい」
- apprendre à faire : apprendre à + [原形]「…する(作る)ことを学ぶ」

2 **je n'y vais pas**
「私はそこ(学校)へは行きません」

- y 「そこへ」. 場所の表現（à l'école）に代わる
- 否定文. 動詞を **ne** と **pas** ではさむ
  Je vais à l'école. → Je **ne** vais **pas** à l'école.

3 **une amie française me donne des cours**「フランス人の友人が私にレッスンをする」

- 不定冠詞 ： **un** + 男[単], **une** + 女[単], **des** + 男女[複]
  　　　　　un chat　　une maison　　des chats, des maisons
- française ＜ français : 形容詞（女性形）. 形容詞は**原則として名詞の後**
- me 「私に」. 間接目的語. 動詞の前におく
- donne ＜ donner 「与える」

♠単語帳

super すごい
à partir de quand いつから
école 女 学校
mais しかし
cours 男 授業，レッスン
le dimanche 男 毎週日曜日
après-midi 男 午後

♣不規則動詞 vouloir
[ヴロワーる]

je veux	nous voulons
ジュ ヴゥ	ヌ ヴロン
tu veux	vous voulez
テュ ヴゥ	ヴ ヴレ
il veut	ils veulent
イル ヴゥ	イル ヴゥル

CDを聞いて練習しよう

1 発音された不定冠詞（un, une, des）を選びなさい
1) (　) chat　　2) (　) maisons
3) (　) école　　4) (　) café

2 CDを参考にして，次の文を否定文にしなさい
1) Elle va à la banque.
2) Ils vont à la poste.
3) Nous allons au jardin.

treize 13

文のしくみ

1　C'est pas vrai.「うそばっかり」
▶ 否定文。会話体なので，ne が省略されている

2　L'addition, s'il vous plaît !「お勘定お願いします」
▶ 勘定をするときのきまった表現
▶ s'il vous plaît　何かを頼むときのきまった表現

♠ **単語帳**

parles < **parler**　話す
bien　上手に
français　囲 フランス語
viens < **venir**　来る
aussi　…もまた

♣ **不規則動詞 venir**［ヴニーる］

je viens	nous venons
ジュ ヴィヤン	ヌ ヴノン
tu viens	vous venez
テュ ヴィヤン	ヴ ヴネ
il vient	ils viennent
イル ヴィヤン	イル ヴィエヌ

CD を聞いて練習しよう

1　発音された parler の活用形を選びなさい (cf. p.5)
1) Il (parle, parles, parlent) bien l'espagnol.
2) Elle (parle, parles, parlez) bien l'anglais.
3) Vous (parle, parles, parlez) bien l'allemand.

2　発音された数字を選びなさい
1) (Trois, Quatre) jus d'orange, s'il vous plaît.
2) (Deux, Trois) cafés, s'il vous plaît.
3) (Huit, Sept) express, s'il vous plaît.

曜日

月曜日 lundi　　火曜日 mardi　　水曜日 mercredi
木曜日 jeudi　　金曜日 vendredi　　土曜日 samedi　　日曜日 dimanche

数詞 1

1 un, une　**2** deux　**3** trois　**4** quatre　**5** cinq
6 six　　　**7** sept　**8** huit　**9** neuf　**10** dix

★Demain, je veux prendre le métro et aller acheter un chemisier.　★★Tooru, tu as un peu de temps demain ?　★★★Oui, en fin d'après-midi.　★★★★C'est vrai ?

quinze　15

文のしくみ

▲単語帳

salut ［親しい間柄で］こんにちは
à la française フランス流に
eh bien ええと，それが
soudain 急に
racontes ＜raconter 言う
méchant(e) 意地悪な

1. **Tooru s'absente.**「とおるは姿を見せない」
   - s'absente ＜s'absenter「不在である」. 代名動詞

je **m'**absent**e**	nous **nous** absent**ons**
tu **t'**absent**es**	vous **vous** absent**ez**
il **s'**absent**e**	ils **s'**absent**ent**

2. **on se fait la bise**「頬にキスし合う」
   - on「われわれは」. 会話体で，nous に代わる
   - se fait ＜se faire : 代名動詞
     se faire la bise「頬にキスし合う」

3. **Où est Tooru ?**「とおるはどこにいる？」
   - où「どこ」（= where）
   - est ＜être （= be）（cf. p.7）

4. **Tooru est méchant !**「意地悪よ，とおるは」
   - 属詞の形容詞（méchant）は主語の性数に一致する
     Martine est méchant**e**.

CD を聞いて練習しよう

1 A 欄と B 欄を結びなさい

A 欄	B 欄
1) 彼のお兄さんはどこですか	a) Où est sa mère ?
2) 彼のおじいさんはどこですか	b) Où est son grand-père ?
3) 彼女のお母さんはどこですか	c) Où est son frère ?

2 発音された形容詞を選びなさい
1) Elle est (méchant, méchante).
2) Il est (gentil, gentille).
3) Elle est (intelligent, intelligente).

★Faire des courses avec les filles, ça lui plaît pas.

3-2 Tooru s'absente ?!

⑤ 今日はどうしても行きたい所があるのに….

Tu veux aller où ?

⑥ えっ?!

On y va toutes les deux.

⑦ Je veux aller à la Place Victor-Hugo !!

⑧ Prenons le métro.

On prend la ligne 1 et on descend à l'Etoile.

⑨ (^-^) Super, Martine, c'est gentil !

文のしくみ

1 **On y va tous les deux.**「2人で行きましょう」
- on「われわれは」. 会話体で, nous に代わる. 下の on prend, on descend も同じ
- y「そこへ」
- toutes les deux「2人で」

2 **Tu veux aller où ?**「どこに行きたいの」
- veux ＜vouloir（＝want）: vouloir ＋［原形］「…したい」(cf. p.13)

3 **Prenons le métro.**「地下鉄に乗りましょう」
- prenons ＜prendre「乗る」(＝take). 不規則動詞
  命令形.「乗りましょう」

♠単語帳

place 囡広場：la Place Victor-Hugo ヴィクトール＝ユゴー広場
ligne 囡路線
descend ＜descendre 降りる
l'Etoile （地下鉄の）エトワール駅
gentil(le) 親切な

♣不規則動詞 **prendre**　　［プらーンドゥる］

je prends	nous prenons
ジュ プらン	ヌ プるノン
tu prends	vous prenez
テュ プらン	ヴ プるネ
il prend	ils prennent
イル プらン	イル プれヌ

CD を聞いて練習しよう

1 A 欄と B 欄を結びなさい

A 欄
1) 飛行機に乗りましょう
2) 地下鉄に乗りましょう
3) タクシーに乗りましょう
4) 市内バスに乗りましょう

B 欄
a) Prenons le métro.
b) Prenons le bus.
c) Prenons l'avion.
d) Prenons un taxi.

2 発音された主語と prendre の活用形を選びなさい
1) (Je prends, Nous prenons) la ligne 1.
2) (Il prend, Ils prennent) la ligne 2.
3) (Elle prend, Nous prenons) la ligne 3.
4) (Elle prend, Vous prenez) la ligne 4 ?

dix-neuf 19

文のしくみ

1 **il doit y avoir une chocolatier très célèbre**「とても有名なチョコレート屋さんがあるはずだ」

▶ il doit y avoir「あるはずだ」. il y a と devoir が結びついた表現. **il y a**「…がある」. il は非人称. doit＜devoir 不規則動詞. devoir ＋［原形］「…のはずだ」

2 **il s'agit de « Marquise de Sévigné »**「〈マルキーズ・ド・セヴィニエ〉のことです」（パリでもっとも有名な老舗のチョコレート店）

▶ il s'agit de ～「…のことである」. il は非人称

♠単語帳

l'Arc de Triomphe 圐凱旋門
là　あそこ, そこ
avenue 囡大通り
sur　…（の上）に
oui　はい
n'est-ce pas ?　…ですね
connais ＜connaître 知っている
voilà　ほら
ici　ここ

CDを聞いて練習しよう

34 **1** 発音された店の名前を選びなさい
1) Il y a (　　). 2) Il y a (　　). 3) Il y a (　　).

(une crémerie, une épicerie, une boulangerie)

35 **2** 発音された形容詞を選びなさい（cf. p.11）
1) une (grand, grande) maison
2) un (grand, grande) magasin
3) un (petit, petite) restaurant
☞ bon, grand, petit などの形容詞は名詞の前におく

チョコレートの話2◆「チョコレートは嫌い」

　フランス女性はチョコレートが大好きだ．こんな小話があります．10人のフランス女性のうち9人がチョコレート好きです．でも嫌いだと答えた残りの1人の女性はどうしてなのでしょう？
　彼女は嘘をついていただけです

vingt et un

4-2 De la Place de l'Etoile à la Place Victor-Hugo

文のしくみ

1 **Comme c'est élégant !**「なんておしゃれなんでしょう」
- 感嘆文 comme「なんて」．感嘆文を導く

2 **ça m'a l'air très cher**「私にはとても高いように思える」
- a l'air, a <avoir (= have)「持つ」. 不規則動詞 avoir l'air + 形「…のようだ」

3 **on va seulement regarder**「見るだけにしておきましょう」
- va <aller. 不規則動詞 (cf. p.9)
- 近い未来：**aller** +［原形］「これから…する」，「まもなく…する」
  Je **vais** *prendre* le métro. Nous **allons** *prendre* le métro.

4 **Faisons comme ça.**「そうしましょう」
- faisons <faire 「…をする」. 不規則動詞. 命令形「…しよう」
- comme ça「このように，そのように」

▲単語帳

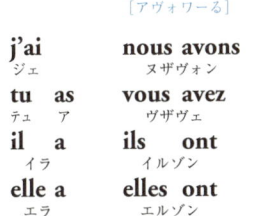

magnifique 素晴らしい
aujourd'hui 今日
seulement …だけ

♣不規則動詞 **avoir**
［アヴォワール］

j'ai	nous avons
ジェ	ヌザヴォン
tu as	vous avez
テュ ア	ヴザヴェ
il a	ils ont
イラ	イルゾン
elle a	elles ont
エラ	エルゾン

CD を聞いて練習しよう

1 A 欄と B 欄を結びなさい

A 欄
1) 何てかわいいんでしょう！
2) 何て広いんでしょう！
3) 何て美しいんでしょう！

B 欄
a) Comme c'est beau !
b) Comme c'est mignon !
c) Comme c'est large !

2 発音された主語と avoir の活用形を選びなさい
1) (J'ai, Elle a) un chat.
2) (Elle a, Elles ont) des chiens.
3) (Il a, Nous avons) des amis à Paris.

vingt-trois 23

文のしくみ

1. **Quels merveilleux chocolats !**「何て素晴らしいチョコレートなんでしょう」
   - ▶ quels「どんな、何て」．疑問形容詞．ここでは感嘆を表す

quel + 男[単]	quelle + 女[単]
quels + 男[複]	quelles + 女[複]

2. **Ça m'a fait quelque chose.**「それは私の心を動かした」
   - ▶ a fait ＜faire：複合過去．fait は faire の過去分詞
   - ▶ 複合過去１：助動詞（**avoir** の現在活用）＋ 過去分詞．過去の事を述べる．「…した」

3. **Tu voulais un chemisier, non ?**「ブラウスが欲しかったんでしょう」
   - ▶ voulais ＜vouloir：半過去．過去の状態を述べる．「…だった」，「…していた」

4. **Entrons voir.**「見るために入りましょう」
   - ▶ entrons ＜entrer 「入る」．er 型規則動詞．命令形「入ろう」
   - ▶ entrer ＋［原形］「…するために入る」

♠ **単語帳**

dans …（の中）で
magasin 男店，商店
ouah うわー，すごい
habits 男[複] 衣服
superbe すばらしい
voir 見る
mesdemoiselles 女[複] お嬢さんたち

♣ 複合過去 **faire** ［フェーる］

j'ai fait	nous avons fait
ジェ フェ	ヌザヴォン フェ
tu as fait	vous avez fait
テュ ア フェ	ヴザヴェ フェ
il a fait	ils ont fait
イラ フェ	イルゾン フェ

CD を聞いて練習しよう

1 A欄とB欄を結びなさい

A欄
1) 何て美しいお城だ
2) 何て高い山だ
3) 何てかわいい猫だ

B欄
a) Quelle haute montagne !
b) Quel joli chat !
c) Quel beau château !

2 発音された助動詞を選びなさい

1) Nous (as, avons, ont) fait le chocolat.
2) Il (ai, as, a) visité le musée. ☞ visité ＜visiter の過去分詞
3) J'(ai, a, avons) pris le métro. ☞ pris ＜prendre の過去分詞

vingt-cinq 25

5-2 Dans un magasin

Elle voudrait acheter un chemisier.

Voilà ...

Oui

C'est celui-là ?

Je préférerais le rouge !

Je peux l'essayer ?

B... Bien sûr.

文のしくみ

1 **Elle voudrait acheter un chemisier.**
「彼女がブラウスを買いたいのですが」

▶ voudrait ＜vouloir：条件法現在．語調を和らげる表現．vouloir ＋［原形］「…したい」(cf. p.13)

2 **Je préférerais le rouge.**「あの赤いほうがいいわ」

▶ préférerais ＜préférer「…のほうが好きだ」．条件法現在．語調を和らげる表現

▶ le rouge「赤いほう（赤いブラウス）」

3 **Je peux l'essayer ?**「試着できますか」

▶ peux ＜pouvoir「できる」．不規則動詞．pouvoir ＋［原形］「…することができる」Je peux nager.

▶ l'＜le「それを」．直接目的語．動詞の直前におく．ここでは le rouge をさす

♠単語帳

Voilà さあどうぞ
celui-là あちらのもの
bien sûr もちろん

♣不規則動詞 pouvoir
［プヴォワール］

je peux	nous pouvons
ジュ プゥ	ヌ プヴォン
tu peux	vous pouvez
テュ プゥ	ヴ プヴェ
il peut	ils peuvent
イル プゥ	イル プヴ

CDを聞いて練習しよう

1 A欄とB欄を結びなさい

A欄

1) 彼女はドレスを買いたいのですが
2) 彼はコートを買いたいのですが
3) 私はスカーフを買いたいのですが

B欄

a) Je voudrais acheter une écharpe.
b) Elle voudrait acheter une robe.
c) Il voudrait acheter un manteau.

2 発音された主語と pouvoir の活用形を選びなさい

1) (Je peux, Elle peut) l'essayer ?
2) (Il peut, Nous pouvons) l'essayer ?
3) (Il peut, Ils peuvent) l'essayer ?

数詞2

11 onze　**12** douze　**13** treize　**14** quatorze　**15** quinze
16 seize　**17** dix-sept　**18** dix-huit　**19** dix-neuf　**20** vingt

vingt-sept　27

5-3 Dans un magasin

Martine .... C'est comment ?

euh ...

Mais le rouge clair t'irait mieux !

Très jolie !

Cela vous va parfaitement.

文のしくみ

1 **le rouge clair t'irait mieux**「この薄い赤のほうがあなたにもっとよく似合います」
- ▶ t'＜te「あなた（君）に」．間接目的語．動詞の直前におく
- ▶ irait ＜aller：条件法現在．語調を和らげる表現
- ▶ aller à +［人］「人に似合う」．下の cela vous va も同じ．「あなたに似合う」
- ▶ mieux「よりよく」．bien の優等比較級

▲単語帳

comment どのような，どんな
euh えーと
joli(e) 美しい，きれいな
cela それ
vous あなたに
parfaitement 申し分なく，まったく

CD を聞いて練習しよう

1 A欄とB欄を結びなさい

A欄
1) 濃い青のほうがもっとよく似合う
2) 濃い緑のほうがもっとよく似合う
3) 薄い茶色のほうがもっとよく似合う

B欄
a) Le marron clair t'irait mieux.
b) Le vert foncé t'irait mieux.
c) Le bleu foncé t'irait mieux.

2 A欄とB欄を結びつけて，「…はあなたにぴったりです」と言いなさい

A欄
1) この黒いスカート
2) この青い帽子は
3) この白いセーター

B欄
a) Ce pull blanc vous va parfaitement.
b) Cette jupe noire vous va parfaitement.
c) Ce chapeau bleu vous va parfaitement.

パリに関する質問箱1　正しい場合には○ (vrai)，間違っている場合には× (faux) を書きなさい
1 (　　) パリの地下鉄は路面（高架）も走っている
2 (　　) パリ市内には路面電車が走っている
3 (　　) パリ市内には横断歩道橋がない
4 (　　) エッフェル塔は東京タワーより高い
5 (　　) パリ市民は屋根裏部屋にも住んでいる

5-4 Dans un magasin

文のしくみ

1 **Donnez-moi celui-ci.**「こちらのをください」
- donnez ＜ donner「与える」（= give）．命令形
- moi ＜ me「私に」．間接目的語．肯定命令文の場合，moi に替わり，動詞の後におく
- celui-ci「（近いものをさして）こちらのもの」

2 **Salue Tooru pour moi !**「私からとおるによろしくね」
- salue ＜ saluer「挨拶する」．命令形
- pour moi「私に代わって」

▲単語帳

bon よろしい，よし
d'accord 分かりました
combien いくら，どれくらい
cent vingt 120
euro 男ユーロ
mademoiselle 女お嬢さん
à plus tard またあとで
attends ＜ attendre 待つ（命令形）
un instant ちょっと（の間）

CD を聞いて練習しよう

1 A 欄と B 欄を結びなさい

A 欄
1) この消しゴムをください
2) このボールペンをください
3) このシャープペンシルをください

B 欄
a) Donnez-moi ce porte-mine.
b) Donnez-moi cette gomme.
c) Donnez-moi ce stylo à bille.

2 聞こえた数字を選びなさい（cf. p.15, p.27）
1) C'est combien ? → a) (Deux, Sept) euros, s'il vous plaît.
2) C'est combien ? → b) (Onze, Quinze) euros, s'il vous plaît.
3) C'est combien ? → c) (Douze, Treize) euros, s'il vous plaît.

パリに関する質問箱2　正しい場合には○（vrai），間違っている場合には×（faux）を書きなさい
1 (　　) パリの道路は石畳である
2 (　　) パリの路上でキスをするのは軽犯罪である
3 (　　) パリの地下鉄のドアは自動でない
4 (　　) パリの地下鉄には一等車がある
5 (　　) パリ市内には「日本通り」がある

trente et un　31

練習問題 1 ♥筆記

1 適切な定冠詞を下欄から選びなさい
1) (　　　) fille　　　　2) (　　　) aéroport
3) (　　　) garçon　　　4) (　　　) chats

(le,　la,　l',　les)

2 例にならい，次の問いに Oui と Non で答えなさい
例：Tu prends le bus ?　Oui, je prends le bus.
　　　　　　　　　　　Non, je ne prends pas le bus.
1) Tu visites Paris ?　Oui,_____
　　　　　　　　　　　Non,_____
2) Tu vas au café ?　Oui,_____
　　　　　　　　　　　Non,_____

3 適切な形容詞を選びなさい
1) un ami (français, française)
2) une (joli, jolie) fille
3) des chemisiers (bleus, bleues)

4 適切な所有形容詞を下欄から選びなさい
1) (　　　) chien　　　2) (　　　) appartement
3) (　　　) chiens　　　4) (　　　) maison

(mon,　ma,　mes)

練習問題 2 ♥ CD を聞いて

1 発音された定冠詞を下欄から選びなさい

1) (　　　) gare　　　　2) (　　　) café
3) (　　　) école　　　4) (　　　) écoles

(le, la, l', les)

2 発音された主語を下欄から選びなさい

1) (　　　) suis sa sœur.　　　2) (　　　) est française.
3) (　　　) es étudiant ?　　　4) (　　　) est français.

(Je, Tu, Il, Elle)

3 発音された aller の活用形を選びなさい

1) Nous (va, allez, allons) au café.
2) Ils (vais, vas, vont) au musée.
3) Elle (va, vas, allez) à la banque.

4 発音された数詞を下欄から選びなさい

1) (　　　) chiens　　　2) (　　　) chemisiers
3) (　　　) écoles　　　4) (　　　) chats

(un, une, deux, trois, quatre, cinq, six)

trente-trois　33

6-1 Première visite à Françoise ♥

あおい、フランソワーズ宅を訪れる

58

① Oui, c'est qui ?

Bonjour, Madame. Je m'appelle Aoi.

o(＾＾)o 今日はチョコレート作りを教えてくれるフランソワーズのお家に初めておじゃまする日．ちょっと緊張するなあ…．

② Bienvenue, Aoi !

Je suis Françoise !

③ Je suis très heureuse de vous voir.

よかった 優しそうな人

Mon grand-père vous transmet ses amitiés.

34 trente-quatre

文のしくみ

1 **C'est qui ?**「どなたですか」
- qui「誰」. 疑問代名詞

♠単語帳
madame 囡 奥さま
bienvenue 囡 歓迎
grand-père 男 祖父

2 **Je suis très heureuse de vous voir.**
「あなたにお目にかかれてとてもうれしい」
- heureuse ＜ heureux 女性形（主語の性数に一致）
- je suis heureux de ＋ [原形]「…してうれしい」
- vous「あなたに」. 直接目的語. 動詞の直前におく

3 **Mon grand-père vous transmet ses amitiés.**「おじいちゃんがあなたによろしく言っています」
- vous「あなたに」. 間接目的語. 動詞の直前におく
- transmet ＜ transmettre「伝える」. 不規則動詞
- transmettre ses amitiés à ＋ [人]「…によろしくと伝える」

CD を聞いて練習しよう

1 A 欄と B 欄を結びなさい

A 欄
1) お母さんにお目にかかれてうれしい
2) 私たちはパリを訪問できてうれしい
3) 君の兄さんに会えてうれしい

B 欄
a) Je suis heureux de voir ton frère.
b) Je suis heureuse de voir ta mère.
c) Nous sommes heureux de visiter Paris.

2 発音された s'appeler の活用形を選びなさい（cf. p.17）
1) Il (m'appelle, s'appelle) Paul.
2) Elle (t'appelles, s'appelle) Françoise.
3) Tu (m'appelle, t'appelles) Pierre ?

trente-cinq 35

6-2 Première visite à Françoise

④ Moi aussi, je suis très heureuse de rencontrer sa petite-fille.

Allez ! Entre, entre !

J'ai lu la lettre de ton grand-père.

⑤ Il va bien ?

⑥ Ton grand-père et moi, nous nous sommes rencontrés pour la première fois ici, il y a quarante ans.

Ta mère était encore toute petite.

⑦ (＾＾;)どうやらフランソワーズはとてもおしゃべりみたい…

文のしくみ

1　Entre.「入って」
- entre＜entrer「入る」. **er 型規則動詞**. 命令形

2　J'ai lu la lettre de ton grand-père.
「私はあなたのおじいさんのお手紙を読みました」
- ai lu ＜lire「読む」. **複合過去**（cf. p.25）
- ton「あなた（君）の」. **所有形容詞**

ton ＋ 男[単]	ta ＋ 女[単]	tes ＋ 男女[複]

3　ton grand-père et moi, nous nous sommes rencontrés「あなたのおじいさんと私，私たちは出会いました」
- nous は ton grand-père et moi に代わる
- nous sommes rencontrés ＜se rencontrer「出会う」. **代名動詞**.
  複合過去2：助動詞（**être** の現在活用）＋ **過去分詞**. 過去の事を述べる．「…した」（cf. p.25）

4　Ta mère était encore toute petite.「あなたのお母さんはまだごく小さかった」
- était ＜être：**半過去**. 過去の状態を述べる．「…だった」

♠ 単語帳

rencontrer　出会う
petite-fille　女 孫娘
allez　さあ
va ＜**aller**：〜 **bien** 元気である
pour la première fois　初めて
il y a ＋［時間］ …前
quarante　40
an　男 年
encore　まだ
tout(e)　［強調］とても

CD を聞いて練習しよう

1　A 欄と B 欄を結びなさい

62

　　　A 欄　　　　　　　　　　B 欄
1) お兄さんはお元気ですか　　a) Ta mère va bien ?
2) ご両親はお元気ですか　　　b) Ton frère va bien ?
3) お母さんはお元気ですか　　c) Tes parents vont bien ?

2　発音された複合過去の活用形を選びなさい（cf. p.25）

63

1) J'(ai écrit, avons écrit) à ma mère.
2) Elle (ai téléphoné, a téléphoné) à son fiancé.
3) Nous (a lu, avons lu) ta lettre.

trente-sept　37

6-3 Première visite à Françoise

Tu te rends compte comme j'ai vieilli ...

フランソワーズ. なんてさみしそうな顔

Non, vous êtes toujours aussi belle.

Mais il y a du bon dans toutes ces années,

puisque je te retrouve aujourd'hui.

文のしくみ

1 **tu te rends compte comme j'ai vieilli**「どんなに年をとったかわかるでしょう」
- ▶ te rends compte ＜se rendre compte「理解する，わかる」．**代名動詞**
- ▶ comme「どんなに」，「どんな風に」
- ▶ ai vieilli ＜vieillir「年をとる」．**複合過去**

2 **il y a du bon dans toutes ces années**「月日が経つのは素晴らしいわね」
- ▶ du bon「よいこと」
- ▶ **部分冠詞** 数えられない名詞や抽象名詞の前で用いる

  | **du** ＋ 男[単] | **de la** ＋ 女[単] |

  du poisson　　de la viande
- ▶ ces **指示形容詞**「この」，「その」

  | **ce** ＋ 男[単]　**cette** ＋ 女[単]　**ces** ＋ 男女[複] |

  ce sac　　　cette jupe　　ces sacs, ces jupes

3 **je te retrouve aujourd'hui**「今日あなたに出会えた」
- ▶ te「あなた(君)に」．直接目的語．動詞の直前におく
- ▶ retrouve ＜retrouver「出会う」．**er 型規則動詞**

♠単語帳

non　いいえ
toujours　ずっと，相変わらず
aussi　それほど，これほど
belle ＜beau　美しい
puisque　…ですから，…だから

CD を聞いて練習しよう

1 発音された複合過去の活用形を選びなさい (cf. p.25)
1) J'(ai parlé, avons parlé) avec Tooru.
2) Elle (ai visité, a visité) Kyoto.
3) Nous (a donné, avons donné) ces fleurs à Marie.

2 発音された部分冠詞を選びなさい
1) Je bois (du, de la) thé.
2) Il mange (du, de la) viande.
3) Tu manges (du, de la) poisson ?

trente-neuf　39

6-4　Première visite à Françoise

⑮ そうだコレ

Tenez, c'est un cadeau de la part de mon grand-père.

Oh ! Qu'est-ce que c'est ?

⑯ どーん

友情　東京みやげ

(ToT) お…おじいちゃん…

⑰ **Comme c'est gentil !**

うる　うる　それツボ？　えっ？

⑱ **Toi, tu veux apprendre à faire le chocolat, n'est-ce pas ?**

あ

Je te montrerai comment faire des bonbons au chocolat.

⑲ **A partir de la semaine prochaine.**

はい?!

A propos, tu sais, l'autre jour ...

(-_-;)この後フランソワーズのおしゃべりは２時間にわたって続くのでありました…

文のしくみ

1 Qu'est-ce que c'est ?「これは何ですか」
- qu'est-ce que「何」. 疑問代名詞

2 Je te montrerai comment faire des bonbons au chocolat.「どのようにチョコレートキャンディを作るかを教えましょう」
- te「あなた（君）に」. 間接目的語. 動詞の直前におく
- montrerai＜montrer「示す，教える」. 単純未来. 未来のことを述べる

♠単語帳

tenez　さあ，ほら
cadeau　囲贈り物
de la part de ＋［人］…から
toi　君（主語 tu を強調する）
la semaine prochaine　来週
à propos　ところで
tu sais　［会話の場合］ね
l'autre jour　先日

♣単純未来 montrer
［モントゥれ］

je montrerai　n. montrerons
tu montreras　v. montrerez
il montrera　ils montreront

CD を聞いて練習しよう

1 発音された単語を選びなさい
1) Qu'est-ce que c'est ? — C'est (　　).
2) Qu'est-ce que c'est ? — C'est (　　).
3) Qu'est-ce que c'est ? — C'est (　　).

(une photo, une carte, un timbre, une gomme)

2 A 欄と B 欄を結びなさい

A 欄	B 欄
1) 今日から	a) à partir de l'année prochaine
2) 来月から	b) à partir d'aujourd'hui
3) 来年から	c) à partir du mois prochain

☞ de（前置詞）＋ le（定冠詞）→ du（縮約）

quarante et un　41

7-1 Chez Françoise en faisant une mousse au chocolat

フランソワーズ宅で チョコレートムースを作る

🔘 71

Aujourd'hui, comme c'est la première fois, on va fabriquer une mousse au chocolat.

---- la recette de la mousse au chocolat ----

☆ pour six personnes
- une tablette de chocolat à croquer de 250 grammes
- six œufs
- 70 grammes de beurre
- 200 grammes de sucre

1 Séparer les jaunes d'œufs des blancs dans deux grands bols.

2 Faire fondre le chocolat à feu doux avec un peu d'eau.

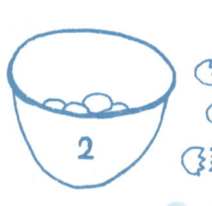

3 Battre ensemble les jaunes et le sucre.

細かく きざんでおく

sucre

42 quarante-deux

4 Hors du feu, ajouter le beurre au chocolat. Bien mélanger.

5 Verser le chocolat et le beurre dans les jaunes et le sucre. Bien mélanger.

6 Battre les blancs en neige.

7 Verser les blancs dans le mélange chocolat-œufs. Mélanger doucement.

Françoise：On a fini. Mais il faut le servir frais !
あおい：冷蔵庫で約2時間冷やしてね

♠単語帳

en faisant 作りながら **fabriquer** 作る **mousse au chocolat** 囡チョコレートムース **recette** 囡レシピ **pour six personnes** 6人分 **tablette de chocolat à croquer** 囡板チョコ **œuf** 男卵 **beurre** 男バター **sucre** 男砂糖 **séparer** 分離する **jaune d'œuf** 男卵の黄身 **blanc** 男卵の白身、卵白 **bol** 男ボール、椀 **faire fondre** 溶かす **à feu doux** とろ火で **un peu de** 少しの **battre** かき混ぜる **ensemble** 一緒に **hors de** …の外に **ajouter** 加える **mélanger** 混ぜる **verser** 注ぐ **neige** 囡雪： **battre les blancs en ~** 卵白を泡立てる **mélange** 男混合物、混ぜ合わせたもの **a fini** <**finir** 終わる **il faut** …しなければならない **le servir frais** それを冷やして出す

quarante-trois 43

7-2 Chez Françoise en faisant une mousse au chocolat

2時間後

Avec la mousse, tu veux un café ou un thé ?

Un thé, s'il vous plaît.

Eh bien, goûtons cette mousse. Bon appétit !

Je veux bien !

C'est très bon !

Mais un peu trop sucré, peut-être ?

Non, non !

C'est délicieux !

文のしくみ

1. **goûtons cette mousse**「このムースをいただきましょう」
   - goûtons＜goûter「味をみる」．命令形

2. **Bon appétit.**「召し上がってください」
   - appétit「食欲」

3. **Je veux bien.**「いただきます」
   - veux＜vouloir「…を欲する」．不規則動詞
     （cf. p.13）

▲単語帳

avec …と一緒に
ou あるいは
thé 男紅茶
eh bien それでは
un peu 少し
trop …すぎる
sucré(e) 甘い
peut-être 恐らく，たぶん
délicieu*x(se)* とてもおいしい

CDを聞いて練習しよう

1 A欄とB欄を結びなさい

A欄
1) この列車に乗りましょう
2) この美術館を訪ねましょう
3) 図書館に行きましょう

B欄
a) Allons à la bibliothèque.
b) Prenons ce train.
c) Visitons ce musée.

2 発音されたvouloirの活用形を選びなさい（cf. p.13）

1) Je (veux, voulons) un café.
2) Elle (veut, voulez) un jus d'orange.
3) Ils (veut, veulent) du vin rouge.

フランスに関する質問箱1　正しい場合には○（vrai），間違っている場合には×（faux）を書きなさい
1（　）フランスの貨幣単位はフランである
2（　）フランスのカフェでは水は無料ではない
3（　）フランスの車は右側通行である
4（　）フランスの産院では妊婦の食事にもワインがでる

7-3 Chez Françoise en faisant une mousse au chocolat

Dis-moi, Aoi, tu parles bien le français.

Tu l'étudies depuis combien de temps ?

Tu sais, entre nous, ton grand-papa, il parlait assez mal le français.

J'ai étudié le français pendant deux ans à l'Institut franco-japonais de Tokyo.

2コ目完食

(｀´) おじいちゃんのウソつき！いつも僕は先生だからフランス語は日本語よりうまいんだって威張ってるのに！★

En tout cas, il étudiait très courageusement.

Oui, il est très sérieux pour certaines choses.
(^^)

友情
東京みやげ

文のしくみ

1 tu l'étudies「あなたはそれ（フランス語）を勉強する」
- l'<le「それを」. 直接目的語. 動詞の直前におく
- étudies <étudier「勉強する」. **er 型規則動詞**

2 il parlait assez mal le français
- parlait <parler：半過去 (cf. p.25)
- assez mal「かなり下手に」

3 il étudiait très courageusement「彼は熱心に勉強していた」
- étudiait <étudier「勉強する」. 半過去

♠単語帳

dis-moi	ねえ
depuis	…以来
combien de	どれだけの
temps	圐期間
pendant	…の間
Institut franco-japonais de Tokyo	東京日仏学院
entre nous	ここだけの話だけど
grand-papa	圐おじいちゃん
en tout cas	でも，いずれにしても
courageusement	熱心に
sérieux(se)	まじめな
certaines choses	ある（特定の）こと

CD を聞いて練習しよう

76 1 発音された言語と数字を選びなさい (cf. p.15)
1) J'ai étudié (le français, le russe) pendant (trois, cinq) ans.
2) Elle a étudié (l'anglais, l'allemand) pendant (deux, cinq) ans.
3) Nous avons étudié (l'espagnol, l'italien) pendant (trois, six) mois.

77 2 発音された単語を選びなさい
1) Je parle (bien, mal) le français.
2) Elle parle (bien, assez bien) l'anglais.
3) Ils parlent (bien, assez mal) le russe.

さまざまな言語

フランス語	le français	英語	l'anglais	ドイツ語	l'allemand
スペイン語	l'espagnol	イタリア語	l'italien	ロシア語	le russe

*Il raconte qu'étant professeur de français, il est bien meilleur dans cette langue qu'en japonais !

quarante-sept

8 Un rendez-vous est fixé ♥ デートの電話

Allô.

Allô, bonsoir. C'est Martine.

トオルのアパルトマン

Tooru, tu es libre samedi ?
Et Aoi aussi ?

Je voudrais qu'on visite un petit village près de Chartres en voiture.

えっ?! 田舎にドライブ?!

あおい行けるかい？★

もちろん！連れてってよ！

Je vous attends devant votre appartement à dix heures. D'accord ?

バナナは
おやつに入る？
何ユーロまで？
おやつは

OK. Au revoir, Martine.

文のしくみ

1 je voudrais qu'on visite un petit village「小さな村を訪れたいのですが」
- voudrais＜vouloir「…を欲する」．不規則動詞．条件法．語調を和らげる表現
- je voudrais que ～「…したいのですが」．que の後は接続法：願望などを表現する
- visite＜visiter「訪れる」．接続法現在

2 Je vous attends à dix heures「10時にあなたたちを待っています」
- vous「あなたたちを」．直接目的語．動詞の直前におく
- attends＜attendre「待つ」．不規則動詞

♠単語帳

rendez-vous 男 会う約束
fixé(e) きめられた
allô ［電話で］もしもし
bonsoir 男 こんばんは
libre 暇な，あいている
samedi 土曜日
village 男 村
Chartres シャルトル
en voiture 車で
devant …の前で
votre あなた(たち)の
OK オーケー
au revoir さようなら

CD を聞いて練習しよう

79 1 発音された être の活用形と曜日を選びなさい（cf. p.7, p.15）
1) Mon frère (est, sont) libre (jeudi, dimanche).
2) Nous (suis, sommes) libres (lundi, jeudi).
3) Vous (est, êtes) libre (lundi, samedi) ?

80 2 発音された時刻を選びなさい（cf. p.15, p.27）
1) Je vous attends à (deux, quatre) heures.
2) Nous vous attendons à (sept, six) heures.
3) Elle t'attend à (cinq, onze) heures.

時刻の表現　今何時ですか Quelle heure est-il maintenant ?　Vous avez l'heure ?

1時	Il est une heure.	4時半	Il est quatre heures et demie.
2時10分	Il est deux heures dix.	5時45分	Il est six heures moins le quart.
3時15分	Il est trois heures et quart.	6時50分	Il est sept heures moins dix.
正午（午前0時）	Il est midi (minuit).		

★Tu pourrais venir, Aoi ?

quarante-neuf

9-1 En route ♥ 田舎へドライブ

1. Bonjour, Aoi, prête pour le départ ?

2. Bonjour, Martine.
Oui, prête pour ma première virée en voiture hors de Paris !

3. Une voiture avec chauffeur en plus.

4. Oui, mais il lui manque l'uniforme.
Et le permis de conduire aussi !

5. Accroche-toi ... on est parti.

文のしくみ

1 **il lui manque l'uniforme**「彼には制服がない」
- il は非人称
- lui「彼に」間接目的語．動詞の直前におく
- manque ＜ manquer：il manque à ＋［人］＋ 图「…に…が不足している」

2 **accroche-toi**「しっかりつかまって」
- accroche-toi ＜ s'accrocher「しっかりつかまる」．代名動詞．命令形

3 **on est parti**「出発した」
- est parti ＜ partir「出発する」
  複合過去3：助動詞（être の現在活用）＋過去分詞．過去分詞は主語の性数に一致

  je   suis parti(e)   nous sommes parti(e)s
  tu   es   parti(e)   vous êtes   parti(e)(s)
  il   est parti   ils   sont   partis
  elle est partie   elles sont   parties

  ☞ aller (allé), venir (venu), sortir (sorti), partir (parti), naître (né), mourir (mort) などは助動詞に être をとる

♠単語帳

prêt(e)　用意が出来た
départ　囲出発
virée　囡散歩
hors de　…の外に
chauffeur　囲運転手
en plus　その上，それに
permis de conduire　囲運転免許証

CD を聞いて練習しよう

1　発音された主語と複合過去の活用形を選びなさい（82）
1) (Je suis parti, Il est parti) pour la France.
2) (Je suis née, Elle est née) au Japon.
3) (Il est sorti, Nous sommes sorties) hier soir.

2　発音された間接目的語を書きなさい（83）
1) Il (　) manque l'uniforme.
2) Il (　) manque dix euros.
3) Il (　) manque du repos.

9-2 En route

6 Tu as apporté de quoi manger ?

Bien sûr !

7 On s'arrêtera quelque part près d'une rivière pour se faire un petit pique-nique !

Super !

J'ai préparé des boulettes de riz à la japonaise,

et même du thé vert !

8 Je préférerais un verre de rouge et un sandwich au saucisson, mais bon ...

それにしてもパリジェンヌがおにぎりと緑茶とは！

9 La nourriture japonaise, c'est très sain !

Surtout pour les chauffeurs.

文のしくみ

1 **Tu as apporté de quoi manger ?**
「何か食べるもの持ってきた？」
▶ de quoi manger「何か食べるもの」: de quoi + [原形]「…するためのもの」
▶ quoi : 疑問代名詞

2 **on s'arrêtera quelque part**「どこかで車を止めよう」
▶ s'arrêtera＜s'arrêter「止まる，停車する」. 単純未来

3 **je préférerais un verre de rouge**「赤ワインの方がいいわ」
▶ préférerais＜préférer「…のほうがいい」. 条件法現在. 語調を和らげる表現

♠単語帳

as apporté＜apporter 持ってくる
rivière 囡小川
se faire un petit pique-nique （野外で）軽い食事をする
ai préparé＜préparer 準備する
boulette de riz à la japonaise 囡おにぎり
même …さえも
thé vert 圐緑茶
sandwich au saucisson 圐ソーセージサンドイッチ
nourriture 囡食物
japonais(e) 日本の
sain(e) 健康によい
surtout 特に

CDを聞いて練習しよう

1 発音された複合過去の活用形を選びなさい （cf. p.25）
1) J'(ai préparé, a préparé) du café.
2) Nous (a apporté, avons apporté) du vin rouge.
3) Ils (a apporté, ont apporté) du fromage.

2 発音された単語を選びなさい
1) Je préférerais (du vin blanc, du vin rouge).
2) Elle préférerait (du poisson, de la viande).
3) Nous préférerions (la cuisine chinoise, la cuisine japonaise).

cinquante-trois

9-3 En route

[87]

Regardez ce paysage !

Pour le moment, c'est très plat.

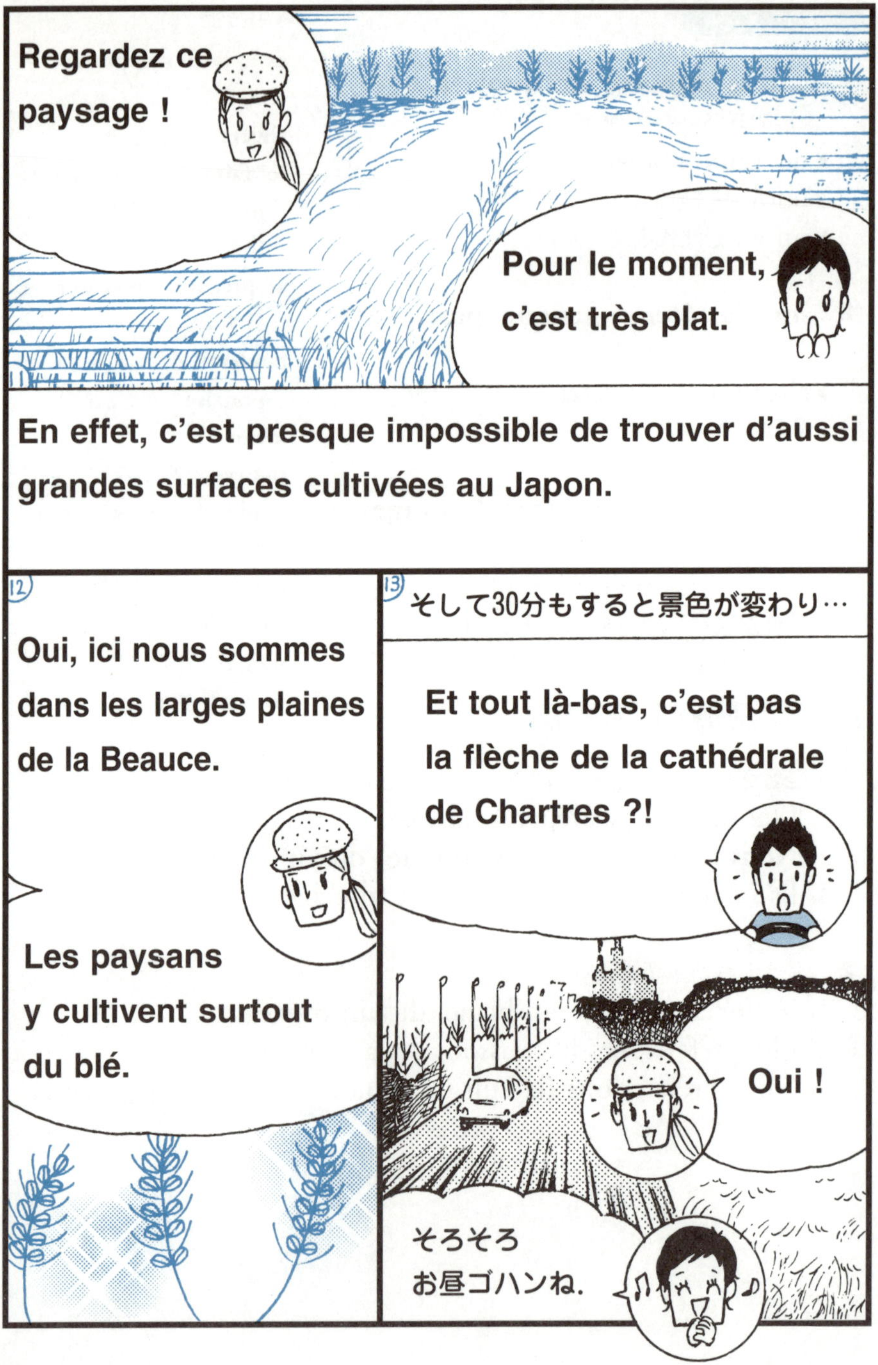

En effet, c'est presque impossible de trouver d'aussi grandes surfaces cultivées au Japon.

[12] Oui, ici nous sommes dans les larges plaines de la Beauce.

Les paysans y cultivent surtout du blé.

[13] そして30分もすると景色が変わり…

Et tout là-bas, c'est pas la flèche de la cathédrale de Chartres ?!

Oui !

そろそろお昼ゴハンね.

文のしくみ

1. **c'est presque impossible de trouver〜**「…を見つけるのはほとんど不可能だ」
   ▶ c'est impossible de + ［原形］「…するのは不可能だ」

2. **les paysans y cultivent surtout du blé**「農夫たちはそこでは特に麦を栽培している」
   ▶ y「そこで」. y = dans les larges plaines de la Beauce

3. **c'est pas la flèche de la cathédrale de Chartres**「あれはシャルトル大聖堂の尖塔じゃないか」
   ▶ 会話体なので，否定の ne が省略されている

♠単語帳

regardez < regarder　見る. 命令形
paysage　囮景色
pour le moment　さしあたっては
plat(e)　平らな
en effet　本当に
presque　ほとんど
surface cultiveé　囮農地
Japon　囮日本
large　広い
plaine　囮平野
la Beauce　ボース地方
cultivent < cultiver　栽培する
tout là-bas　ずっとむこうに

CD を聞いて練習しよう

1 発音された命令形を選びなさい
1) (Regardez, Regarde) cette église.
2) (Parlez, Parlons) lentement.
3) (Partez, Partons) tout de suite.

2 例にならい，A 欄と B 欄を結びなさい

A 欄
1) 朝散歩するのはよいことだ
2) 明日帰るのは無理だ
3) 君のお母さんを手伝うのは当然だ

B 欄
a) C'est naturel d'aider ta mère.
b) C'est bon de se promener le matin.
c) C'est impossible de rentrer demain.

フランスに関する質問箱 2　正しい場合には○ (vrai)，間違っている場合には × (faux) を書きなさい
1 (　　) フランスでは子供でもワインを飲む
2 (　　) フランスの大学の授業料は日本の私立大学より高い
3 (　　) フランスの小学校はフランス語ができなくても入学できる
4 (　　) フランスの小学校の年間の休日は16週間（約4カ月）である

10-1 Aoi annonce son départ à Françoise

フランソワーズ宅でのお別れ

① Alors, quelles sont tes impressions sur Paris ?

② Je ne suis resté qu'un mois, mais j'ai vraiment aimé ce séjour.

③ C'est drôle, ton grand-papa aussi, il était très attaché à la France.

Mais je crois que j'aime la France encore plus que lui.

④ C'est pourtant très différent du Japon, non ?

⑤ Oui, il y a beaucoup de différences, les amoureux, les loisirs, et les filles !

いいなぁ…

文のしくみ

1 **Quelles sont tes impressions sur Paris ?**「パリの印象はどうですか」
- ▸ quelles「どんな」. 疑問形容詞 (cf. p.25)

2 **je ne suis resté qu'un moi**「一ヶ月しか滞在しなかった」
- ▸ suis resté ＜ rester「滞在する」. 複合過去
- ▸ ne ～ que「…しか…でない」

3 **il était très attaché à la France**「彼はフランスにとても愛着を感じていた」
- ▸ être attaché à ～「…に愛着を感じる」

4 **j'aime la France encore davangage que lui**「彼より私のほうがずっとフランスが好きだと思います」
- ▸ encore「さらに」. 比較の強調
- ▸ plus que～「…より以上に」
- ▸ lui「彼」. 強勢形. 比較の que の後で用いる

5 **c'est différent du Japon**「日本とは異なっている」
- ▸ être différent de～「…とは異なる, 違う」
- ▸ du ＜ de (前置詞) + le (定冠詞). 縮約

♠単語帳

annonce ＜ **annoncer** 知らせる
alors ところで, さて
vraiment 本当に
ai aimé ＜ **aimer** 好む, 好きである
séjour 男 滞在
drôle 奇妙な, 不思議な
crois ＜ **croire** 考える, 思う
pourtant しかしながら
beaucoup de 多くの, たくさんの
différence 女 違い
amoureux(se) 男女 恋人
loisirs 男[複] 余暇, レジャー

CD を聞いて練習しよう

1 発音された単語を選びなさい
1) C'est (bon, drôle).
2) C'est (vrai, délicieux).
3) C'est (pas vrai, pas bon).

2 発音された単語を選びなさい
1) Il y a beaucoup (de livres, d'amis).
2) Il y a beaucoup (d'élèves, d'étudiants).
3) Il y a beaucoup (de voitures, de vélos).

10-2 Aoi annonce son départ à Françoise

J'ai eu une idée pendant ce séjour.

Je vais inventer un chocolat pour accompagner le thé japonais.

Superbe !

Mais tu restes encore un peu avec nous ?

Plus très longtemps. J'ai réservé un vol pour le Japon la semaine prochaine.

Mais je compte bien revenir et faire la tournée de tous les chocolatiers de Paris !

Alors, on va se revoir bientôt ?

C'est certain. Je reviens vous voir.

fin

文のしくみ

1 **je vais inventer un chocolat pour accompagner le thé japonais**「日本茶に合うチョコレートを考え出したいのです」

▶ vais ＜ aller. **aller** ＋ ［原形］. 近い未来 (cf. p.23)

2 **je compte revenir**「戻ってくるつもりです」

▶ compter ＋ ［原形］「…するつもりである」. この場合の原形は revenir と faire

3 **je reviens vous voir**「あなたに会いに戻ります」

▶ reviens ＜ revenir
revenir ＋ ［原形］「…するために戻る」

▶ vous「あなたに」. 直接目的語. 動詞＋［原形］の場合, ［原形］の直前におく

♠単語帳

ai eu ＜ avoir : ～ **une idée** 考えが浮かぶ
inventer「作り出す」
plus très longtemps たいして長くはありません
ai réservé ＜ réserver 予約する
vol 圐 (飛行機の) フライト
faire la tournée de ～ …めぐりをする
se revoir 再び会う
bientôt 近いうちに
certain(e) 確かな

CD を聞いて練習しよう

1 A 欄と B 欄を結びなさい

A 欄

1) 彼女は明日の朝出かけるつもりです
2) 今晩彼に電話するつもりです
3) 彼らは飛行機に乗るつもりです

B 欄

a) Je compte lui téléphoner ce soir.
b) Ils comptent prendre l'avion.
c) Elle compte partir demain matin.

2 発音された aller の活用形を選びなさい (cf. p.9, p.23)

1) Je (vais, va) partir demain.
2) Il (vais, va) prendre le métro.
3) Nous (va, allons) faire une mousse au chocolat.

フランスに関する質問箱 3　正しい場合には○ (vrai), 間違っている場合には × (faux) を書きなさい

1 (　) フランスの小学校は週休 2 日である
2 (　) フランスの鉄道は民営化されている
3 (　) フランスの鉄道には改札口はない
4 (　) フランスの小学校正門には国旗が掲揚されている

cinquante-neuf

練習問題 3 ♥ 筆記

1 例にならい，下欄から適切な動詞を選び，主語に合わせて活用させなさい

例：Il (　　) le métro. → Il (prend) le métro.
1) Elle (　　) Martine.
2) Nous (　　) des chiens.
3) Je (　　) un café.
　　　　(vouloir, être, avoir, prendre)

2 例にならい，現在の文章を複合過去の文章に直しなさい

例：Je prends le taxi. → J'ai pris le taxi. （過去分詞 pris）
1) Il prend le bus. →
2) Nous prenons le métro. →
3) Tu prends l'avion ? →

3 例にならい，現在の文章を複合過去の文章に直しなさい

例：Je vais au café. → Je suis allé au café. （過去分詞 allé）
1) Vous allez au cinéma ? →
2) Elle va à la poste. →
3) Nous allons au musée. →

4 (　　)内に aller の活用形を書き，近い未来の文章にしなさい
1) Elle (　　) sortir.
2) Il (　　) prendre le taxi.
3) Je (　　) lui téléphoner.

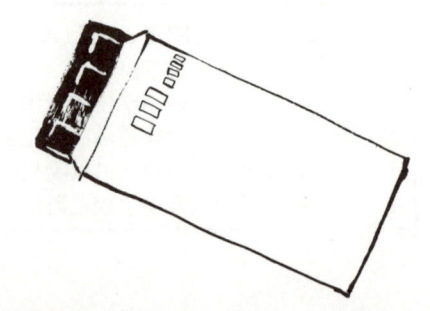

練習問題 4 ♥CD を聞いて

1 複合過去の文章の，発音された助動詞（avoir）を書きなさい
1) J'(　　) lu ta lettre. (lu ＜ lire)
2) Il (　　) lu ma lettre.
3) Nous (　　) lu sa lettre.

2 複合過去の文章の，発音された助動詞（être）を書きなさい
1) Elles (　　) parties pour la France. (parti ＜ partir)
2) Elle (　　) partie pour le Japon.
3) Je (　　) parti pour Paris.

3 発音された数字を選びなさい
1) Il est (trois, quatre) heures.
2) Il est (six, sept) heures (cinq, dix).
3) Il est (neuf, dix) heures (cinq, dix).

4 近い未来の文章の，発音された aller の活用形を書きなさい
1) Nous (　　) prendre le métro.
2) Je (　　) sortir de l'école.
3) Ils (　　) partir en vacances.

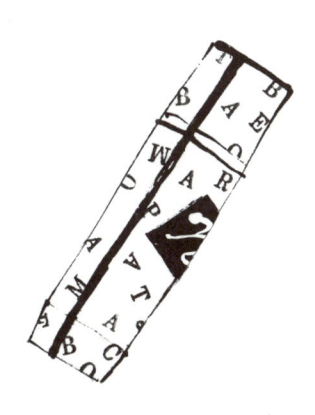

soixante et un 61

文法のまとめ

1　冠　詞

	男[単]	女[単]	男女[複]
不定冠詞	**un** chat	**une** maison	**des** chats (maisons)
定冠詞	**le** chat **l'**aéroport	**la** maison **l'**auto	**les** chats (maisons) **les** aéroports (autos)
部分冠詞	**du** pain **de l'**argent	**de la** viande **de l'**eau	

2　所有形容詞

	男[単]	女[単](子音)	女[単](母音)	男女[複]
私の	**mon** père	**ma** mère	**mon** école	**mes** parents
君の	**ton** père	**ta** mère	**ton** école	**tes** parents
彼(女)の	**son** père	**sa** mère	**son** école	**ses** parents
われわれの	**notre** père (mère)			**nos** parents
あなた(たち)の	**votre** père (mère)			**vos** parents
彼(女)らの	**leur** père (mère)			**leurs** parents

3　指示形容詞　「この」,「その」

男[単](子音)	男[単](母音)	女[単]	男女[複]
ce train	**cet** appartement	**cette** maison	**ces** trains

4　疑問形容詞　「どんな」

男[単]	女[単]	男[複]	女[複]
quel sac	**quelle** jupe	**quels** pantalons	**quelles** cravates

5　人称代名詞

	主語	直接目的語	間接目的語	強勢形
私	je	me (m')	me (m')	moi
君	tu	te (t')	te (t')	toi
彼 彼女	il elle	le (l') la (l')	lui	lui elle
われわれ	nous	nous	nous	nous
あなた(たち)	vous	vous	vous	vous
彼ら 彼女ら	ils elles	les	leur	eux elles

6　疑問代名詞

	主語	直接目的語・属詞	前置詞の後
人	qui qui est-ce qui	qui qui est-ce que	qui
物	qu'est-ce qui	que qu'est-ce que	quoi

ショコラを求めて
―あおい，パリへ行く

著者 内藤 陽哉
　　 玉田 健二
画　 秦　紀子

2006. 3. 20　初版印刷
2006. 4. 1　初版発行

発行者 井田洋二

発行所　〒101-0062 東京都千代田区神田駿河台3の7
　　　　電話　03 (3291) 1676　FAX 03 (3291) 1675
　　　　振替　00190-3-56669

株式会社 駿河台出版社

製版　フォレスト／印刷・製本　三友印刷
ISBN 4-411-00818-1
http://www.e-surugadai.com